ÉLOGES UNANIMES

DE

Mlle ZOÉ LECOCQ

ARTISTE MUSICIENNE

Aveugle de naissance

1865

CAEN
TYPOGRAPHIE C. HOMMAIS
5, rue Froide, 5

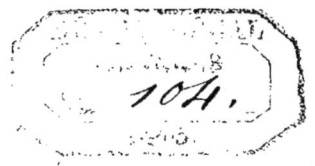

NOTICE

Le meilleur discours que l'on puisse faire à la louange de Mlle Zoé LACOCQ, jeune artiste musicienne, aveugle de naissance, originaire de Valenciennes, département du Nord, où elle a fait ses débuts dans son art, consiste à former un recueil des éloges unanimes qu'elle s'est acquis elle même partout où elle a fait preuve de ses talents en musique vocale et instrumentale.

Pour que le panégyrique en fut plus complet, il faudrait pouvoir reproduire, d'une part, les articles de journaux qui ont proclamé ses succès dans les grands concerts qu'elle a donnés, avec le concours d'artistes et d'orphéons les plus distingués, dans la capitale et les principales villes de France qu'elle a parcourues, et y joindre, d'autre part, les félicitations et recommandations qui lui ont été données par les personnes les plus éminentes qui l'ont honorée de leurs suffrages, aussi véridiques que bienveillants.

Mais, le tout formerait un trop long volume à éditer. Il suffit de recueillir ce qu'elle possède encore de ces particuliers et principaux témoignages, disséminés dans un précieux album que cette intéressante jeune fille en a formé, comme constituant toute sa fortune, en lui donnant accès près des directeurs et directrices de pensionnats et d'établissements publics, pour s'y faire entendre, ainsi que près d'autres personnes bienfaisantes, qui l'ont accueillie favorablement.

Ces titres à la considération générale et à la sympathie de tous les gens de cœur, n'ont pas besoin de commentaires pour produire les effets fructueux que cette jeune et admirable artiste a coutume d'en recueillir ; mais il convient de dire qu'ils ne sont livrés à l'impression que pour leur conservation et leur destination.

MONSEIGNEUR L'ÉVÊQUE D'ARRAS autorise Mme veuve Lecocq à se présenter dans les communautés religieuses de son diocèse, qui tiennent des pensionnats de jeunes personnes, à l'effet d'y proposer d'entendre sa fille, dont le talent musical paraît assez distingué.

SA GRANDEUR permet aux supérieures de ces établissements d'accéder à la demande de Mme Lecocq autant qu'elles le jugeront à propos et dans les conditions qui leur paraîtront convenables.

ARRAS, le 2 décembre 1858.

POUR MONSEIGNEUR,

B. DE BILLIERS, VIC.-GÉN.

Nos élèves ont entendu avec un vif intérêt Mlle Zoé LECOCQ. Cette jeune aveugle possède un talent vraiment remarquable sur l'accordéon. Elle tire de ce petit instrument des sons si mélodieux, si agréables, qu'on ne se lasserait pas de l'entendre. Ses morceaux de piano sont propres à faire aussi beaucoup de plaisir, et son chant, en rapport avec sa douloureuse infirmité, est on ne peut plus touchant. Nous attestons volontiers que l'on ne saurait procurer à des jeunes filles une récréation plus digne de les intéresser, tout en excitant une douce sensibilité dans leurs cœurs.

D. GERARDE, SUPÉRIEURE.

PENSIONNAT DES DAMES BERNARDINES.

A ESQUERMES, près Lille, 24 décembre 1858.

A Mlle ZOÉ LECOCQ

Après l'avoir entendue à son concert du 1er février 1859
A LILLE

Douce et charmante enfant, laissez-moi vous le dire,
Des pleurs en vous voyant ont voilé mon sourire.
Votre voix a vibré jusqu'au fond de mon cœur.
En écoutant vos vers, si remplis de douleur,
Sur mon âme a passé l'ombre de la tristesse :
J'ai ressenti pour vous une vive tendresse ;
Et la nature, enfant, que vous ne pouvez voir
M'a paru bien plus belle au matin et au soir.
Quand sur l'accordéon votre main si petite
A Valsé lentement, puis plus vite et plus vite,
Savez-vous quel effet cette main m'a produit ?
L'effet du papillon qui voltige et s'enfuit.
Et, quand vos airs empreints de douce mélodie,
Ont disposé notre âme à la mélancolie,
Plus d'un front s'est courbé pâli d'émotion,
Ne pouvant refouler sa triste impression.
On admirait aussi votre sourire d'ange,
Ce sourire, Zoé, pour nous n'a rien d'étrange ;
Car sur votre visage on voit que la bonté
En vous surpasse encore l'esprit et la beauté.

Maria MARIE.

La petite soirée musicale donnée dans notre établissement, par Mlle Lecoq, a été, pour nos élèves, l'occasion d'une récréation aussi intéressante qu'agréable.

S^r St-Joseph, supérieure des dames de St-Maur.

Lille, 5 mai 1859.

Wambrechies, 22 juin 1859.

Madame Lecocq,

Les honorables personnes qui ont assisté lundi dernier au concert qu'a donné votre demoiselle, ne tarissent pas en éloges. Elles forment toutes des vœux pour l'artiste qui leur a fait passser une si agréable soirée.

Les chants ont été très convenables sous tous les rapports.

J'ai l'honneur d'être, Madame,

Votre très-humble serviteur,

F. Élisée.

Pensionnat des frères des écoles chrétiennes, à *Wambrechies* (Nord).

Madame,

Je veux, avant que vous quittiez Lille, vous exprimer en quelques mots combien a été profonde l'impression produite chez nous par le rare et sympathique talent de votre chère enfant.

De plus compétents vous diront ce qu'il y a de savant dans sa manière d'exécuter, nous ne pouvons que la remercier de tout ce qu'elle a fait pour jouer et chanter devant nous, avec le succès auquel ses études sérieuses l'ont préparée. Nous serons heureux de l'entendre encore quand elle reviendra parmi nous.

Agréez, Madame, l'assurance de mon respectueux dévouement.

LE DIRECTEUR DE L'ÉCOLE PROFESSIONNELLE,

ARNOULT.

LILLE, le 10 juillet 1859.

A Mme Lecoq, rue des Sicaires.

Vu les avantageux et nombreux témoignages rendus par les personnes les plus honorables à la jeune aveugle Zoé Lecoq, en faveur de son talent unanimement appelé très-remarquable, nous la recommandons au bienveillant intérêt des établissements et des excellentes maisons d'éducation de la ville de Saint-Omer.

SAINT-OMER, 14 juillet 1859.

DASSIER, GRAND DOYEN DE SAINT-OMER.

LES DIRECTRICES DU PENSIONNAT ST-DENIS ont été parfaitement satisfaites de la récréation musicale donnée à leurs élèves par Mlle Lecocq. Elles sont persuadées que les dames de pensions n'auront qu'à s'applaudir d'accorder à cette intéressante jeune fille la faveur de se faire entendre.

SAINT-OMER, le 16 juillet 1859.

F. BERTHIER ET SES COMPAGNES.

La séance d'hier a vivement intéressé nos élèves et les personnes que j'ai pu réunir à la hâte. J'éprouve le besoin de vous exprimer, à ce sujet, toute ma satisfaction, en vous priant d'être, près de Mlle Zoé, l'interprète de mes remerciements, et des vives et profondes sympathies qu'elle a ici inspirées à tout le monde. On ne tarit pas d'éloges autour de moi pour le talent de l'artiste ; on ne fait qu'énumérer les difficultés vaincues par elle avec tant de talent. Mais ce dont je conserverai le plus long souvenir, c'est la sensibilité touchante avec laquelle les morceaux de chant ont été rendus.

Je voulais vous dire cela, Madame, avant votre éloignement, et je vous prie de dire à Mlle Zoé que je la suivrai partout de mes vœux et de mon intérêt.

Agréez l'assurance de mon respectueux dévouement.

Votre humble et obéissant serviteur,

BOUVERT.

Armentières (Nord), 15 juillet 1859.

MESDEMOISELLES FEVRILLER se font un plaisir de témoigner à M¹¹ᵉ Lecocq la vive satisfaction que leur a donnée, ainsi qu'à leurs élèves, son talent musical.

M¹¹ᵉ Lecocq excite l'intérêt au plus haut point par son jeu et son chant si expressifs. L'accordéon-flûte devient un instrument charmant entre ses mains habiles ; son répertoire est parfaitement convenable et choisi pour les jeunes filles, dont le cœur et 'oreille ne peuvent que gagner à écouter cette jeune artiste.

30 juillet 1859.

Institution de Mlles Fevriller, à BOULOGNE-SUR-MER.

Je me plais à rendre à M¹¹ᵉ Zoé Lecocq le témoignage que, dans une soirée toute intime qu'elle a bien voulu nous donner dans mes appartements, en présence des membres de ma famille et de quelques invités, elle nous a procuré à tous le plus vif plaisir, soit qu'elle touchât du piano, de l'harmoni-flûte ou de l'accordéon sur lequel elle excelle, soit qu'elle chantât LA RO-MANCE DE SA COMPOSITION : LA JEUNE AVEUGLE, qui nous a tous profondément émus !

LA JEUNE AVEUGLE

Paroles et musique de M¹¹ᵉ *Zoé Lecocq.*

O vous, qui voyez la nature
Et ses admirables beautés,
Le ciel, le soleil, la verdure,
L'épi des champs, l'herbe des prés,

Votre bonheur me fait envie ;
Comme vous je voudrais les voir !
Pour moi, l'image de la vie
Est couverte d'un voile noir !

Au printemps j'entends l'alouette
Chanter, comme moi, sa chanson ;
Je sens aussi la violette,
Quand je passe auprès du buisson.
Mais, pour moi, ces reflets sont l'ombre
Que me fait l'éclat des couleurs ;
Je suis toujours dans la nuit sombre ;
Je n'ai des yeux que pour les pleurs !

Petit enfant, douce espérance
D'une mère qui vous chérit,
Et qui trouve sa récompense
Dans votre bouche qui sourit,
Vous voyez cette main si chère
Vous donner les soins les plus doux
Comme vous j'aime bien ma mère,
Je ne la vois pas, comme vous !...

N. B. Cette douce et triste élégie a un charme infini, quand elle est accompagnée de sa mélodie et chantée par son auteur.

Cette jeune personne a complètement justifié chez moi les éloges d'elle et de son talent musical, qui lui ont été décernés dans les journaux du Nord, et dans le journal de Saint-Quentin, à propos des soirées qu'elle a données dans les pensionnats de notre ville, tant de demoiselles que de jeunes gens.

Son talent musical mérite les encouragements des connaisseurs, comme la triste infirmité dont elle est atteinte a droit aux sympathies des cœurs généreux.

Jules MOUREAU, *journaliste.*

SAINT-QUENTIN, 3 février 1861.

MONSEIGNEUR L'ÉVÊQUE D'AMIENS autorise Mlle Lecocq à se présenter dans les communautés religieuses de son *diocèse*, qui tiennent des pensionnats de jeunes personnes, à l'effet d'y proposer d'entendre sa jeune sœur, dont le talent musical paraît assez distingué. Cette jeune personne est aveugle de naissance et paraît bien digne d'intérêt.

SA GRANDEUR permet aux supérieures de ces établissements d'accéder à la demande de Mlle Lecocq, autant qu'elles le jugeront à propos, et dans les conditions qui leur paraîtront convenables.

AMIENS, ce 28 juillet 1862.

POUR MONSEIGNEUR,
B. MOREL, VICAIRE-GÉNÉRAL.

Nous accordons la même autorisation à l'égard des communautés religieuses de *notre diocèse*.

POUR MONSEIGNEUR L'ARCHEVÊQUE,
E. DELAHAYE, VICAIRE-GÉNÉRAL.

ROUEN, 11 octobre 1862.

Nous sommes heureuses de pouvoir donner ce doux témoignage, que Mlle Zoé Lecocq a vivement intéressé nos élèves dans une séance musicale qu'elle leur a donnée. Cette jeune aveugle mérite qu'on s'intéresse à sa pénible position. Il est difficile de ne pas se sentir émue, lorsqu'on l'entend chanter, parce que son chant, en rapport avec sa malheureuse infirmité, excite la plus grande sensibilité. Elle exécute admirablement des morceaux sur le piano, et elle tire de son accordéon des sons si harmonieux, qu'on l'entendrait toujours avec un nouveau plaisir.

Rouen, le 3 novembre 1862.

Sœur Sainte-Clair, supérieure.

Communauté de Saint-Joseph.

Nous accordons pour les ÉTABLISSEMENTS DU DIOCÈSE DE BEAUVAIS la même autorisation que Monseigneur l'Evêque d'Amiens pour son diocèse et dans les mêmes limites.

Beauvais, le 12 avril 1864.

Pour Monseigneur l'Evêque de Beauvais,

Ch. Millière, vicaire-général.

Le concert que Mlle Lecocq a donné à nos élèves les a vivement intéressées, je me plais à le dire à toutes les maisons d'éducation qui désirent exciter, dans les jeunes cœurs confiés à leurs soins des sentiments généreux et compatissants.

Sœur Marie Emilie,

CONGRÉGATION DES SŒURS DE ST-JOSEPH-DE-CLUNY.

BEAUVAIS, 15 avril 1864.

La séance musicale que Mlle Zoé Lecocq a donnée à nos élèves leur a causé un sensible plaisir. Cette jeune aveugle est aussi remarquable par son talent qu'elle est intéressante par son infirmité. Tout en elle a éveillé dans son jeune auditoire de vifs sentiments de sympathie.

REIMS, le 20 juin 1864.

SOEUR SAINTE-ADÉLAÏDE, SUPÉRIEURE.

CONGRÉGATION DU SAINT-ENFANT-JÉSUS.

Nous n'avons qu'à nous féliciter d'avoir permis à Mlle Lecocq de donner à nos élèves une soirée musicale qui les a ravies.

Le talent remarquable de cette intéressante aveugle, et surtout son chant si rempli d'expression, a été écouté par toutes les personnes présentes avec le plus grand plaisir et la plus vive émotion.

PROVINS, 13 octobre 1864.

Sr M. Emilienne, directrice du pensionnat des Célestines.

Nous accordons pour LES ÉTABLISSEMENTS DU DIOCÈSE DE MEAUX LA MÊME AUTORISATION QUE MONSEIGNEUR L'ÉVÊQUE D'AMIENS, et dans les mêmes limites.

MEAUX, le 17 octobre 1864.

† AUGUSTE, Ev. DE M.

Je suis heureuse de certifier que le concert donné par Mlle Zoé Lecocq, dans notre pensionnat, a causé le plus grand plaisir à nos élèves, en ouvrant leurs jeunes cœurs à la compassion.

Je voudrais qu'il me fut possible d'insinuer à toutes les personnes chargées de la direction de la jeunesse ce délassement, qui ne pourra qu'éveiller dans les âmes le sentiment du beau et de la charité.

Sr MAXIMILIENNE.

CONGRÉGATION DES SŒURS DE ST-JOSEPH DE CLUNY.

MEAUX, 18 octobre 1864.

Mlle Zoé Lecocq a donné une séance musicale à nos élèves, dans plusieurs de nos établissements ; vu sa position, cette demoiselle a vivement intéressé nos jeunes élèves.

Nous la recommandons à la bienveillance des personnes auxquelles elle s'adressera

Sr RAPHAEL, SUPÉRIEURE DU PENSIONNAT DE SAINT-THOMAS-DE-VILLENEUVE.

A Saint-Germain-en-Laye, 25 octobre 1864

Mlle Zoé Lecoq a donné dans notre institution, le mardi 29 novembre 1864, une soirée musicale qui a fait le plus grand honneur à son talent.

Mlle Lecoq a joué plusieurs morceaux d'harmoni-flûte avec une expression remarquable, et elle a chanté des romances qui ont vivement impressionné tout l'auditoire.

Compiègne, le 2 décembre 1864.

F. Dusuzeau.

Institution de Mmes Deriuns et Dusuzeau,

Dégré, supérieure à Compiègne.

Ce 17 janvier 1865.

Les dames de la congrégation Chanoinesses de Saint-Augustin, 29, avenue de la Reine-Hortense, à Paris, recommandent à votre bienveillance une jeune fille aveugle, Mlle Lecoq, qui est venue exécuter devant nos élèves plusieurs morceaux de chant et de piano, qui leur ont fait grand plaisir, et ont excité leur sympathie au plus haut degré, pour cette jeune fille qui leur a été adressée par un ecclésiastique.

Ces dames présentent à Madame la supérieure l'expression de leurs sentiments respectueux.

N. B. *Cette recommandation est générale pour les communautés de Paris.*

Nous avons entendu avec plaisir et intérêt Mlle Lecocq, jeune aveugle ; nos élèves ont été heureuses du concert qu'elle leur a donné, et nous espérons que l'année prochaine, si cette intéressante personne revient à Paris, elle voudra bien nous honorer d'une visite

Sr Sainte Victoire, supérieure de la Congrégation du St-Sacrement, 76, rue du Rocher, à Paris.

Ce 17 février 1865.

Mlle Zoé Lecocq a donné hier une récréation musicale aux élèves de notre pensionnat, et nous n'avons eu qu'à nous louer de son talent, de sa parfaite convenance et du touchant intérêt qu'elle inspire.

Nous recommandons vivement Mlle Lecocq à la bienveillance de toutes les personnes désireuses de faire le bien, en encourageant un talent si laborieusement acquis, et nous accompagnons cette recommandation de nos vœux les plus sincères pour le bonheur de la jeune artiste.

Sr MARIE EMILIE DE SION, SUPÉRIEURE DE NOTRE-DAME DE SION, A PARIS.

24 février 1865.

C'est le cœur vivement ému que je me plais à rendre à Mlle Zoé Lecocq le témoignage que nos élèves, ainsi qu'une honorable assistance, ont été ravies du talent de cette jeune aveugle.

Elle joue parfaitement du piano ; elle excelle sur l'harmoniflûte, et son chant si expressif et en rapport avec sa pénible position, a excité le plus vif intérêt et profondément ému tous les cœurs.

Je la remercie sincèrement, au nom de tout l'auditoire, et nous faisons toutes des vœux pour son bonheur présent et futur.

CAEN, le 3 mai 1865.

Sr Rouillé, sup^{re} de la Congrégation des sœurs de la Providence.

Extrait du MONITEUR DU CALVADOS, *du 3 mai 1865.*

Concert de Mlle ZOÉ LECOCQ, A CAEN.

C'est samedi dernier qu'a eu lieu, dans la salle de l'Hôtel-de-Ville et devant un public suffisamment nombreux, le concert de Mlle Zoé Lecocq.

Constatons tout d'abord que l'intéressante aveugle a reçu parmi nous l'accueil le plus bienveillant. Etre, à vingt ans et sous le coup d'une des plus terribles infirmités qui puissent affliger l'homme, être, par son talent et son courage le seul soutien d'une mère et d'une sœur, c'est le signe d'une nature d'élite, un titre à tous les respects comme à toutes les sympathies.

Ajoutons que le talent de Mlle Lecocq se recommande par lui-même. Comme beaucoup de ses confrères en infortune, elle possède instinctivement le don de la musique. Il semble qu'au milieu de la nuit perpétuelle à laquelle ils sont condamnés, les aveugles sentent plus vivement cette harmonie et cet idéal que nous cherchons dans tous les objets sensibles, mais qu'eux ils ne peuvent demander qu'aux sons. Aussi le visage intelligent de la jeune artiste reflétait-il l'expression d'une sorte de ravissement intérieur, pendant qu'elle traduisait sur son instrument le chant qui vibrait en elle-même.

Cet instrument, qui porte le nom d'*harmoni-flûte*, est assez semblable par la forme à un accordéon, mais avec une bien plus grande puissance et une plus grande variété de sons; parfois il imite l'orgue à s'y méprendre. Il repose sur les genoux de l'exécutant. Dès les premières notes, Mlle Lecocq en a fait sortir des phrases musicales d'une harmonie suave et pour ainsi dire céleste. Elle s'est montrée excellente musicienne dans le *Souvenir des Eaux-Bonnes*, mais surtout dans le duo de la *Norma*, et particulièrement dans le passage *Casta Diva*, elle a donné à son chant une expression et un charme qui ont enlevé les applaudissements de toute la salle.

Mlle Lecocq a chanté aussi avec beaucoup de goût et d'expression une romance de sa composition, une plainte éloquente sur sa propre infortune. Mais sa voix a besoin encore d'être exercée et rompue aux vocalises.

La musique du 70e de ligne qui, par son ensemble et sa merveilleuse exécution, a de prime abord conquis l'admiration de notre ville, l'orphéon des Neustriens, dont la réputation n'est plus à faire, et plusieurs artistes et amateurs qui n'en sont pas chez nous à leur premier succès, Mlle de Corteuil, MM. Bénard et Tickaërt avaient bien voulu prêter leur concours à Mlle Lecocq, et donner à cette soirée musicale le caractère le plus varié.

Dans l'intervalle des deux parties du concert, Mme LE PROVOST DE LAUNAY, *accompagnée de M. Bayeux, adjoint au maire de Caen, a fait une quête en faveur de la jeune artiste aveugle, œuvre délicate de bienfaisance, qui avait été improvisée à l'insu de la bénéficiaire.*
                 L. P.....

P.-S. — Mlle Zoé Lecoq s'est sentie vivement touchée des témoignages de sympathie qui lui ont été donnés à Caen, et elle nous prie d'en exprimer, par la voie du journal, toute sa reconnaissance aux personnes qui ont bien voulu lui apporter leur concours, soit par leur coopération, soit par leur présence.

Je me plais à attester que Mlle Zoé Lecocq a fait preuve de talent musical, de sensibilité et de bon goût, dans la séance qu'elle a donnée aujourd'hui devant les élèves de nos classes.

CAEN, le 5 mai 1865.

JAMET, sup^r *du Bon-Sauveur.*

Mlle Lecoq a excité, au plus haut point, notre intérêt et celui de nos élèves. Son brillant talent, le choix délicat de ses romances, et la parfaite convenance de son maintien, ne laissent rien à désirer.

CAEN, ce 6 mai 1865.

Sœur M. DE L'ANNONCIATION,
Directrice du pensionnat, maison du Saint-Sacrement de Caen.

Le MAIRE DE LA VILLE DE CAEN, officier de la Légion d'honneur, certifie que Mlle Lecocq, jeune artiste aveugle, a donné un concert dans les salles de l'Hôtel-de-Ville ; qu'elle s'est acquis les sympathies des assistants, et qu'elle mérite, à tous égards, la protection des administrations municipales et des gens de cœur.

A L'Hôtel-de-Ville, le 10 mai 1865.

Fontaine, adjoint.

J'ai assisté à une séance musicale donnée à la communauté de Notre-Dame-de-Charité, de Caen, par Mlle Zoé Lecocq (aveugle de naissance). Je me plais à joindre mon témoignage de bien vive satisfaction, à celui de madame la supérieure de cette maison, et je me fais un devoir d'ajouter que cette jeune personne est digne d'intérêt.

Caen, le 17 mai 1865.

Delaunay, chapelain de la Charité-du Refuge.

Cette séance donnée aux élèves de notre pensionnat, leur a fait le plus grand plaisir, et Mlle Lecocq a vivement excité leur intérêt.

Caen, le 17 mai 1865.

Sœur Marie de St-Benoist-Dubois, supérieure du monastère de Notre-Dame-de-Charité.

Aux nombreux et honorables témoignages qu'a déjà reçus Mlle Zoé Lecocq, nous joignons le notre de grand cœur. Nos élèves n'ont pu l'entendre, être témoins de la touchante expression qui accompagne ses chants, tous parfaitement choisis, sans être profondément émues, et sans former des vœux pour cette jeune demoiselle digne d'intérêt et de bienveillance.

CAEN, le 24 mai 1865

SOEUR MARIE-PAULINE PERNELLE, 1re *maîtresse du pensionnat de la* VISITATION St-MARIE.

Je suis heureuse d'attester que le talent de Mlle Zoé Lecocq m'a vivement émue, ainsi que toutes les personnes qui l'ont entendue dans mon établissement ; je voudrais qu'il me fut donné de lui ouvrir toutes les maisons destinées aux jeunes filles, qui ne peuvent certainement trouver de plus touchant délassement.

CAEN, le 2 juin 1865.

V. VICQ.

Je suis heureuse de joindre mon témoignage aux attestations si honorables que Mlle Zoé Lecocq a déjà obtenues. Nous l'avons entendue avec le plus vif intérêt. Son talent a excité l'admiration et nos élèves lui doivent l'une de leurs plus vraies jouissances, en même temps que l'exemple d'un grand courage et d'un beau dévouement.

MARIE DE SAINT-RÉMY, SUPÉRIEURE,

COUVENT DE LA VIERGE FIDÈLE.

LA DÉLIVRANDE (CALVADOS), le 26 juin 1865.

Je soussigné certifie que Mlle Lecocq a donné un concert dans l'établissement que je dirige.

Nous avons tous été heureux d'entendre la voix et l'instrument de Mlle Lecoq.

Je ne désire qu'une chose aujourd'hui, c'est que ce témoignage puisse lui être utile.

CAEN, 8 juillet 1865.

A. PAGNY.

Pensionnat, rue de la Préfecture.

Les soussignés, professeurs de musique et chefs de compagnies musicales à CAEN, certifient que c'est avec pleine satisfaction qu'ils ont prêté leur concours, ou assisté, au grand concert vocal et instrumental que Mlle ZOÉ LECOCQ, jeune artiste aveugle de naissance, a donné en cette ville, il y a deux mois, et aux séances musicales qu'elle a tenues dans les diverses maisons d'éducation où elle a été conviée ; qu'aussi elle s'y est acquis les plus vives sympathies et félicitations des assistants, pour les talents très-remarquables dont elle a fait preuve, tant sur le piano et l'harmoni-flûte, que par le chant, comme étant douée d'une parfaite organisation musicale, et digne de figurer parmi les meilleures artistes dans les concerts publics.

A CAEN, le 8 juillet 1865.

Barbet, chef de musique du 70ᵉ de ligne.	L. De Corteuil.
Adrien Lechangeur.	E. De Corteuil.
Karren.	E. Pichon, née Néegle.
Tanneur.	A. Vannier.

Extrait du MONITEUR DU CALVADOS, *du 10 juillet* 1865

Départ de Mlle Zoé LECOCQ pour les bords de la mer.

Mlle Zoé Lecocq, jeune artiste musicienne aveugle de naissance, a reçu à Caen des marques de sympathie et de bienveillance si constantes, qu'elle y a, depuis son grand concert dont nous avons rendu compte dans ce journal, le 3 mai dernier, presque fixé sa résidence, en y faisant retour de divers lieux circonvoisins où elle a été se faire entendre, et en revenant donner des séances musicales particulières dans les principales maisons d'éducation et de société qui l'ont conviée à cet effet.

Elle a recueilli partout des félicitations et attestations aussi honorables que spontanées de son triple talent de pianiste, harmoni-flûtiste et cantatrice; mais sa modestie discrète l'empêchant de les publier, quoiqu'elles pourraient lui en procurer de nouvelles en lui ouvrant bien des portes, elle a consenti seulement à permettre cette notice, pour remercier les personnes qui lui témoignent tant d'intérêt. Néanmoins, les professeurs de musique et les directeurs des compagnies musicales de cette ville, qui ont concouru ou assisté à ses exécutions, se sont fait un plaisir de lui en exprimer leur pleine satisfaction, afin de proclamer itérativement et compétemment la renommée qu'elle s'est généralement acquise dans d'autres villes, et de constater, une fois de plus, qu'elle est digne de figurer au nombre et même en tête des meilleurs artistes de ces genres. C'est ce qui résulte, d'ailleurs, des nombreux programmes et comptes rendus qu'elle possède des brillants concerts qu'elle a donnés dans la capitale et les grandes villes de France et de la Belgique, avec le concours de célèbres chanteurs et instrumentistes, comme des meilleures musiques militaires et des sociétés chorales, orphéoniques et philharmoniques les plus distinguées.

Puissent ces recommandations, aussi véridiques que sympathiques, unies aux vœux affectueux qui accompagnent cette jeune virtuose, lui procurer accès et assistance près des personnes haut placées et bienveillantes, qui président aux plaisirs dont tant de baigneurs et de promeneurs viennent profiter dans les salons et casinos de nos belles plages du Calvados.

Elle est d'autant plus digne d'intérêt qu'elle est en ce moment éloignée de sa tendre mère malade, dont elle est le fragile soutien, étant elle-même bien faible et infirme.

LEROY,
Ancien président du Cercle musical de Caen.

Caen, imp. C Hommais, rue Froide, 5.

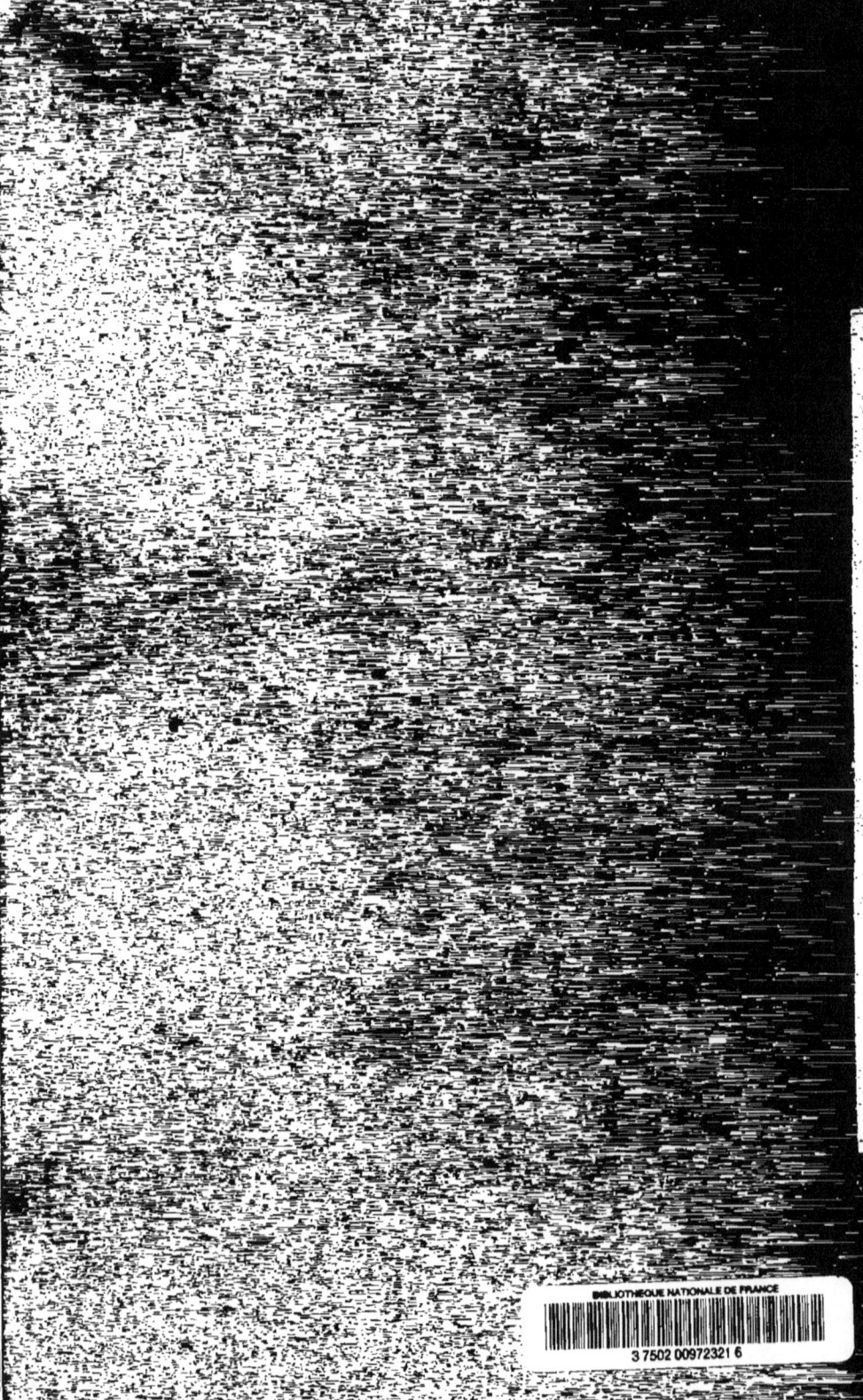

www.ingramcontent.com/pod-product-compliance
Lightning Source LLC
Chambersburg PA
CBHW060911050426
42453CB00010B/1652